Inhalt

- Im Heft findest du Regeln und Tipps, die dir beim Lösen der Aufgaben helfen.

- Aufgepasst: Die Aufgaben mit einer  sind etwas schwieriger.

- Lege die  auf die roten Lösungsfelder, dann werden die richtigen Ergebnisse sichtbar.

- Für viele Aufgaben dieses Heftes gibt es nicht nur eine richtige Lösung. Dort sind die Lösungen deshalb nur Vorschläge.

- Lege ein leeres Heft bereit, in das du deine Geschichten schreiben kannst.

So kannst du auch sagen:

Nomen – Substantiv, Namenwort, Hauptwort
Verb – Tunwort, Zeitwort
Adjektiv – Wiewort, Eigenschaftswort

Stichwörter sammeln

1 a) Tim besichtigt mit seinem Opa eine alte Ritterburg.
Schließe deine Augen und stell dir die Burg vor.
Was können die beiden alles auf der Burg sehen?
Schreibe einige Nomen als Stichwörter auf.

Burggraben, ______________________

____

____

b) Finde zu allen Nomen passende Adjektive.

der tiefe Burggraben, ______________________

____

____

2 Konfetti hat sich heimlich auf die Burg geschlichen.
Dort entdeckt er einen alten Geheimgang.

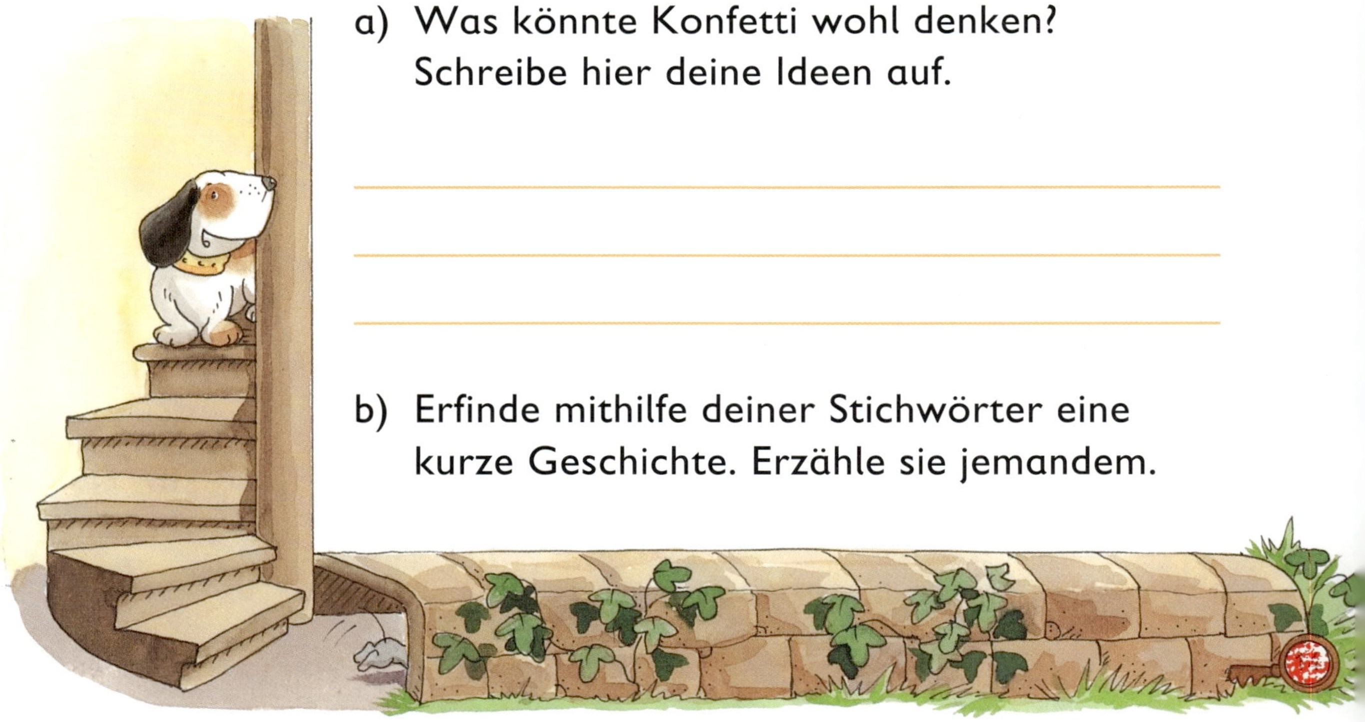

a) Was könnte Konfetti wohl denken?
Schreibe hier deine Ideen auf.

____

____

____

b) Erfinde mithilfe deiner Stichwörter eine kurze Geschichte. Erzähle sie jemandem.

3 Während der Besichtigung haben Tim und sein Opa plötzlich den Anschluss an ihre Gruppe verloren. Was *tun* die beiden jetzt? Schreibe Verben auf.

sich ärgern,

4 Tim und sein Opa beschließen, allein weiterzugehen. Schreibe passende Wörter auf die leeren Steine. Welchen der drei Wege nehmen die beiden wohl?

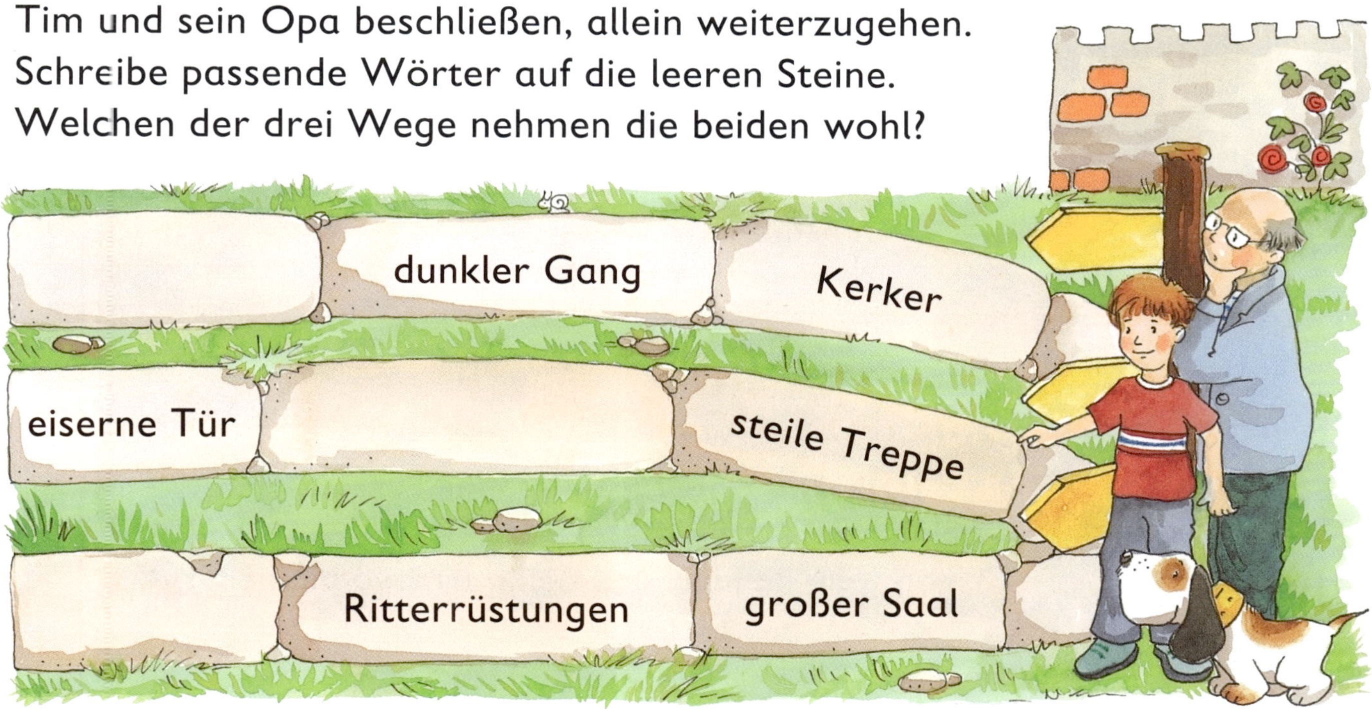

Tipp Sammle Stichwörter, bevor du eine Geschichte schreibst. Die Antworten auf die Fragen Wer? Wann? Wo? Was? Wie? helfen dir dabei.

5 Welchen der drei Wege würdest du nehmen? Schreibe dazu eine spannende Geschichte ins Heft. Die Stichwörter in Aufgabe 4 sowie die Satzanfänge helfen dir beim Schreiben.

Eine Einleitung schreiben

1 Lies diesen Teil der Geschichte. Was ist wohl davor passiert? Schreibe passende Stichwörter auf.

Max und Jan kommen vom Schwimmbad zurück. „Oje“, ruft Jan, „Benni hat mein ganzes Zimmer durcheinandergebracht!“ Jan wirft seinem Hund einen strengen Blick zu und ruft böse: „Benni!“ Es war keine gute Idee, ihn alleine zu lassen. Endlich darf der Hund ins Freie und die Jungen fangen an aufzuräumen.

Tipp Die Einleitung gibt eine kurze Einführung in die Geschichte:
Von wem handelt sie? Wann und wo passiert sie?

2 Kannst du die folgenden Fragen beantworten?

a) Wer kommt in der Geschichte vor?

b) Wann spielt die Geschichte?

c) Wo spielt die Geschichte?

3 Jan hat sein Erlebnis aufgeschrieben. Lies seine Einleitung durch. Findest du die vier Fehler? Verbessere sie mithilfe der Fragen in Aufgabe 2.

Ich wollte ins Schwimmbad gehen. Leider musste ich auf den kleinen Hund aufpassen. Das passte mir überhaupt nicht. Ich beschloss, den Hund einfach zu Hause zu lassen. Er würde nur ein paar Stunden alleine sein. Ich packte mein Schwimmzeug zusammen und machte mich auf den Weg.
Im Schwimmbad traf ich meinen Freund Max.

4 Schreibe eine passende Einleitung zur Geschichte. Beantworte die Fragen *Wer? Wann? Wo?*. Benutze hierfür deine Stichwörter aus Aufgabe 1.

5 Welche Überschrift passt zur Geschichte? Kreuze an. Fällt dir auch eine andere Überschrift ein?

- [ ] a) Ein Nachmittag im Schwimmbad
- [ ] b) Ärger mit Benni
- [ ] c) Jan allein zu Haus

Einen Hauptteil und Schluss schreiben

1 a) Lies den folgenden Text.

> Dirk, Lena und ihr Vater fuhren in den Urlaub. „Puh, ist der Koffer schwer“, stöhnte der Vater auf dem Weg zum Bahngleis. Sie mussten nicht lange auf den Zug warten und stiegen ein. Langsam setzte sich die Lokomotive in Bewegung.

b) Leider hört die Geschichte an dieser Stelle auf. Der Hauptteil fehlt. Wie könnte die Geschichte weitergehen? Schreibe mindestens drei Ideen auf.

____

____

____

____

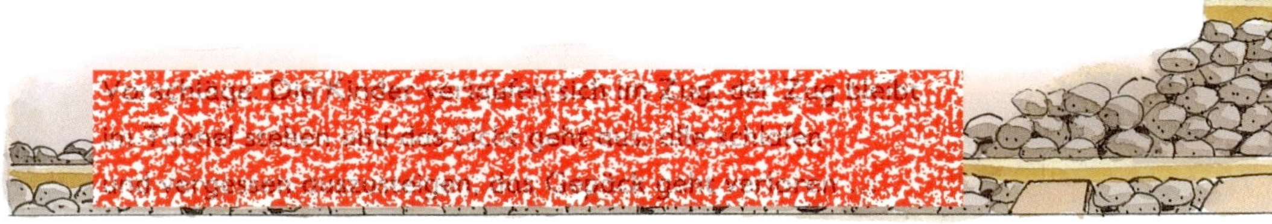

Vorschläge: Die Kinder verlaufen sich im Zug, der Zug bleibt im Tunnel stehen und das Licht geht aus, [illegible] und vergessen auszusteigen, das Gepäck geht verloren.

Tipp Im Hauptteil deiner Geschichte erzählst du den Höhepunkt. Er kann *spannend, lustig* oder *traurig* sein. Aber du solltest dich auf ein Ereignis beschränken. Erzähle dieses Ereignis sehr ausführlich und mit allen Einzelheiten.

2 Entscheide dich für eine der Ideen aus Aufgabe 1. Schreibe Stichwörter in dein Heft. Die Fragen *Wer? Wann? Wo? Was? Wie?* helfen dir.

3 Erfinde mit deinen Stichwörtern den Hauptteil der Geschichte. Erzähle sie jemandem, z. B. einem Freund. Schreibe dann den Hauptteil ins Heft.

Tipp Der kurze Schluss sagt dem Leser, wie eine Geschichte ausgeht. Du kannst sagen, was die Hauptpersonen am Ende *denken, fühlen* oder *tun*.

4 Welcher Schluss gefällt dir am besten? Schreibe selbst einen Schluss für deine Geschichte ins Heft.

„War das ein Abenteuer“, dachte Dirk, als alles vorüber war.

„Bin ich froh, dass alles so ein gutes Ende gefunden hat“, stellte der Vater fest und lächelte erleichtert.

„Endlich sind wir wieder zu Hause“, rief Lena glücklich und zufrieden.

5 Aus welchen Teilen sollte ein Aufsatz bestehen? Trage die Wörter in die weißen Kästchen ein.

Satzanfänge

1 Jonas und seine Freunde zelten im Wald.
Zuvor hat Jonas einen Merkzettel geschrieben.
Lies den Text genau. Was fällt dir auf?

1. Ich kaufe Würstchen und Getränke ein.
2. Dann bauen wir die Zelte auf.
3. Dann sammeln wir Holz aus dem Wald.
4. Dann mache ich das Feuer an.
5. Dann schnitzen wir uns Stöcke.
6. Dann grillen wir.

Fast alle Sätze fangen mit ____________ an.

2 Schreibe andere Wörter für *dann* auf. Verbessere damit Jonas Merkzettel. Schreibe in dein Heft.

nach einer Weile, ____________

____

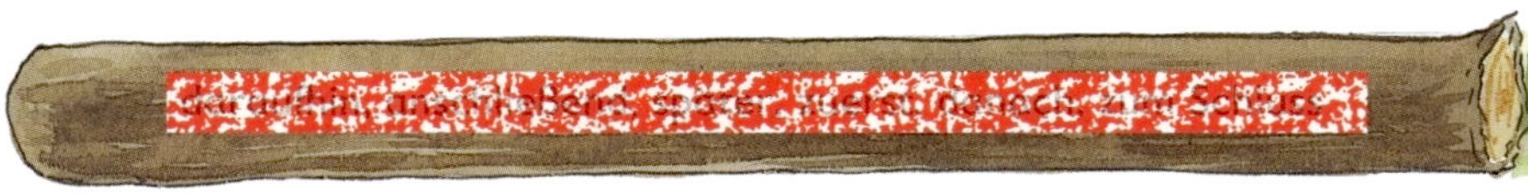

3 Jonas erzählt abends seiner Mutter vom Zelten.
Was fällt dir auf? Vervollständige den Satz unten.

„Wir haben zuerst die Zelte aufgebaut.
Wir haben anschließend ein Feuer gemacht.
Wir haben danach Stöcke geschnitzt.
Wir haben dann leckere Würstchen gegrillt."

Alle Sätze fangen mit ______ an.

4 Wiederholungen am Satzanfang kannst du vermeiden, wenn du die Sätze umstellst.
Schreibe die Sätze von Aufgabe 3 wie im Beispiel.

Zuerst haben wir

Tipp Verbinde kurze Sätze, damit deine Geschichte lebendiger wird. Benutze dazu folgende Wörter:
weil, als, nachdem, und, während, denn …
Beispiel: Peter aß einen Apfel. Er hatte Hunger.
Peter aß einen Apfel, weil er Hunger hatte.

5 Kannst du die Sätze lebendiger schreiben?
Verbinde die Sätze, denke an das Komma.

Die Kinder spielen am Bach. Sie entdecken Fische.

Katrin hat nasse Füße. Sie ist in den Bach gefallen.

Wörtliche Rede

1 Am ersten Schultag nach den Ferien haben sich alle viel zu erzählen. Lies die Sprechblase im Bild. Was könnten die anderen Kinder sagen? Schreibe passende Sätze in die Sprechblasen.

2 Die Kinder erzählen von ihren Erlebnissen. Setze die Zeichen der wörtlichen Rede. Die Regel hilft dir.

Annette fragt Klaus Wo warst du in den Ferien?
Ich war wandern in den Bergen antwortet Klaus.
Wie schön meint Stefan hast du Fotos gemacht?

Regel Die wörtliche Rede wird mit Anführungszeichen geschrieben. Achte besonders auf die *Kommas.*
Beispiel: Eva sagt: „Ich war in Italien am Meer.“
„Ich war in einem Zeltlager“, berichtet Kai.
„Wir haben“, erzählt Klaus stolz,
„eine Bergwanderung gemacht.“

3 Unterstreiche die Verben, die du statt *sagen* verwenden kannst.

rufen schweigen berichten denken flüstern essen fühlen erzählen fragen weinen schimpfen schreien

Tipp Dein Aufsatz wird lebendiger, wenn die Personen *sprechen* und *denken*. Benutze dafür die wörtliche Rede.

4 Setze die passenden Wörter in die Lücken ein.

„Ich war auf einem Berg, der 1700 m hoch ist“,

__________ Klaus. „Wirklich?“, __________ Stefan.

„Bitte zeige uns deine Fotos“, __________ Annette.

Klaus __________ : „Gerne, wenn sie fertig sind.“

„Ich war leider nicht im Urlaub“, __________ Inga.

5 Schreibe die Unterhaltung weiter.

Verwende die Wörter *schimpfen, rufen, lachen* und *fragen.*

Treffende Verben und Adjektive

1 Schau dir das Bild genau an. Wie *gehen* die Tiere?
Schreibe treffende Verben in der Grundform auf.
Die Wörter auf der Mauer helfen dir.
Tipp: Manchmal passen mehrere Verben.

1. Pony: ______________________
2. Hund: ______________________
3. Katze: ______________________
4. Gans: ______________________
5. Kaninchen: ______________________

2 Welche anderen Verben für *gehen* kennst du?

____

____

Tipp Dein Aufsatz wird spannender und anschaulicher, wenn du passende Verben und Adjektive benutzt. Vermeide Wiederholungen.

3 Sarah macht Urlaub auf dem Reiterhof.
Was erlebt sie in der Reitstunde? Ergänze den Text mit den Wörtern auf der Pferdedecke.

Sarah ____________ auf ihr Pferd Lilly.

Plötzlich ____________ Konfetti vorbei.

Lilly ____________ nervös auf der Stelle.

Der Reitlehrer ____________ über den Hund.

Der Arme ____________ ängstlich davon.

Sarah ____________ ihn und ____________ :

„Es war doch alles halb so schlimm!“

4 Schau dir Sarahs Lieblingskatze genau an.
Schreibe passende Adjektive für sie auf.

____

5 Zusammengesetzte Adjektive beschreiben eine Eigenschaft genauer. Verbinde und schreibe auf.

kalt leicht hart

glatt stark scharf

____

____

____

Bildergeschichten

1 Eva hilft ihrem Vater samstags in der Bäckerei. Schau dir die Bilder genau an. Nummeriere sie von 1–4 in der richtigen Reihenfolge.

2 Schreibe zu jedem Bild Stichwörter in dein Heft, z. B. Was *denkt/fühlt/sagt* Eva?

3 Schreibe die Antworten auf die W-Fragen ins Heft.

4 Schau dir das zweite und dritte Bild gut an.
Was passiert dazwischen?
Schreibe in dein Heft, was Eva *denkt/fühlt/sagt.*

5 Schreibe auf, was Eva und ihr Vater in der Bildergeschichte miteinander sprechen könnten.

Bild 1: „Schau mal, Papa, ich bringe frische Brötchen aus der Backstube!“, ruft Eva.

Bild 2: ______

Bild 3: ______

Bild 4: ______

6 Schreibe die ganze Geschichte in dein Heft.
Benutze dabei die Stichwörter aus Aufgabe 2.
Finde auch eine passende Überschrift.

Tipp Beachte bei einer Bildergeschichte diese Punkte:
1. Notiere dir Stichwörter.
2. Schreibe dann die Geschichte so auf, dass man sie auch ohne Bilder verstehen kann.
3. Beschreibe, was zwischen den Bildern passiert.
4. Gib den Personen Namen und beschreibe, was sie denken, fühlen und sagen.

Erzählen aus verschiedenen Perspektiven

1 Simon ist beim Fußballspiel gefoult worden. Es gibt einen Elfmeter. Entscheide dich, wie dieser ausgeht und male das Bild in den leeren Rahmen. Umkreise die Wörter, die zu deinem Bild passen.

2 Stell dir jetzt vor, du bist der Torwart beim Spiel. Schreibe die Geschichte aus seiner Sicht ins Heft. Die Sätze in den Toren und der Tipp helfen dir.

Tipp Du kannst aus der Perspektive eines Beteiligten schreiben (Torwart, Spieler, Schiedsrichter …).
Beispiel: Der Torwart dachte: „Den Ball halte ich!"
Oder du schreibst aus der Ich-Perspektive.
Beispiel: Ich dachte: „Ob ich wohl treffe?"

3 Stell dir vor, du bist die Reporterin und schreibst über den Elfmeter. Die Wörter in Aufgabe 1 helfen dir.

4 Simon erzählt seinem Freund vom Fußballspiel. Vor Aufregung bringt er alles durcheinander. Trage die Zahlen von 1–10 in die Kästchen ein. Schreibe die Sätze anschließend richtig ins Heft.

- Es ging weiter. Endlich bekam ich wieder den Ball zugespielt.
- Der Schiedsrichter rief: „Elfmeter!“
- Der Gegner stellte mir ein Bein mitten im Strafraum.
- Ich schrie: „Unverschämtheit!“
- Flink wie ein Wiesel spielte ich den Ball vor mir her.
- Aber was war das?
- 1 Das war unser letztes Spiel in der Saison und deshalb sehr wichtig. Es stand 2 : 2.
- Ich hörte den Pfiff des Schiedsrichters. Nun warteten alle gespannt auf die Entscheidung.
- Beim Elfmeter stand ich Auge in Auge mit dem Torwart. Ich schoss und traf ins Tor!
- Ich bekam den Ball, rannte zum Tor und zielte. Leider daneben!

Reizwortgeschichten

1 Pia und Julia erschrecken vor einem Gespenst. Wer hat sich da wohl verkleidet? Schließe deine Augen und stelle dir eine Geschichte zum Bild vor. Die Wörter auf der Truhe sollten darin vorkommen.

2 Sammle zu jedem der Reizwörter Stichwörter und schreibe sie in die leeren Blasen.

3 Beantworte die W-Fragen in deinem Heft.

Wann und wo spielt deine Geschichte?

Wer sind die Hauptpersonen?

Was passiert in deiner Geschichte?

4 Verwende in deiner Geschichte treffende Verben.
Streiche die Wörter durch, die nicht passen.

schlafen — lachen — bibbern — erschrecken — wegrennen — fürchten — schreien — tanzen

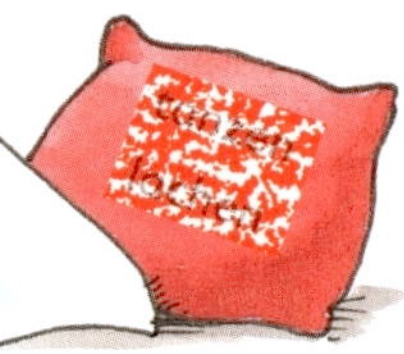

5 Schreibe die Gedanken der Personen in dein Heft.
So wird deine Geschichte spannend.
Das Beispiel rechts hilft dir.

6 a) Lies dir den Tipp der Lerndetektive genau durch.
Schreibe dann die Reizwortgeschichte ins Heft.
Vergiss nicht, die drei Reizwörter zu unterstreichen.

b) Finde eine passende Überschrift zur Geschichte.

Tipp Denke an Einleitung, Hauptteil und Schluss.
Wörtliche Rede macht deine Geschichte lebendig.
Benutze passende Adjektive und Verben.
Verwende verschiedene Satzanfänge.

Erlebniserzählung

1 Tina und ihre Eltern wandern in den Bergen.
Unterstreiche passende Stichwörter zum Bild.
Achte auf die Fragen *Wer? Wann? Wo? Was? Wie?*

Tinas Familie, in den Bergen, am See, Sommertag, nachts, Spaziergang, Wanderung, Koffer, schwerer Rucksack, Anstrengung, Kälte, Hitze, Mittagsschlaf, Erschöpfung, Tinas Freunde

[redacted]

2 Trage die Stichwörter aus Aufgabe 1 in die Tabelle ein.

Einleitung	Hauptteil
[redacted]	[redacted]

3 Die Wanderung ist sehr anstrengend.
Wie *fühlt* sich Tina dabei? Schau dir das Bild an und finde passende Wörter.

[redacted]

4 Tina hat sich den Fuß verstaucht und kann nicht weiterlaufen. Was könnten die Familienmitglieder sagen? Überlege dir ein passendes Gespräch.

Tina: ______________________________

____

Vater: ______________________________

____

____

Mutter: ______________________________

____

5 Wie könnte die Geschichte ausgehen?
Denke dir einen kurzen Schluss aus.

6 Lies dir die Punkte auf der Checkliste genau durch.
Schreibe nun die Erlebniserzählung in dein Heft.

Checkliste

- ☐ Enthält die Einleitung Antworten auf die Fragen *Wer? Wo? Wann?*
- ☐ Erzählst du nur *ein* Ereignis im Hauptteil?
- ☐ Ist dein Höhepunkt lebendig und anschaulich?
- ☐ Ist dein Schluss kurz und passend?
- ☐ Verwendest du die wörtliche Rede?
- ☐ Benutzt du treffende Verben und Adjektive?
- ☐ Achtest du auf unterschiedliche Satzanfänge?
- ☐ Beschreibst du die Gefühle der Personen?
- ☐ Spielt deine Geschichte durchgängig in derselben Zeit: hier in der Vergangenheit?

Gegenstandsbeschreibung

1 Lars' Fahrrad ist verschwunden. Er beschreibt sein Fahrrad einem Polizisten. Welche Angaben fehlen? Schreibe sie auf die Linien unten.

2 Beschreibe Lars' Fahrrad genau. Was fällt dir auf, z. B. Fahrradtyp, Marke, Farbe, besondere Teile?

[redacted]

3 Beschreibe die besonderen Teile an Lars' Rad genauer. Benutze passende Adjektive. Beschreibe auch das Material, z. B. ledern …

a) Klingel: rot, rund, glänzend

b) Luftpumpe: ______

c) Satteltasche: ______

d) Fähnchen: ______

4 Hier ist etwas durcheinandergeraten. Kannst du die Sätze ordnen? Der Tipp hilft dir.

- ◯ Es ist grün lackiert und hat gelbe Streifen.
- ◯ Zusätzlich hat es eine weiß-rote Fahne.
- ◯ Es ist ein Mountainbike.
- ◯ Mir wurde mein „Ravi"-Fahrrad gestohlen.

5 Wähle eines der Räder aus und schreibe eine Beschreibung in dein Heft. Achte auf den Tipp.

Tipp Eine Gegenstandsbeschreibung muss genau sein: Beginne mit allgemeinen Angaben (z. B. Form, Größe, Farbe, Material), beschreibe dann Besonderheiten (z. B. beschädigte Stellen, Beschriftung). Benutze passende Adjektive.

Einen Brief schreiben

1 Lisa schreibt ihrer Oma einen Brief aus dem Urlaub. Setze die Wörter im Sand in die passenden Lücken ein.

> ____________
>
> ____________ ,
>
> ich mache gerade Ferien ____________ .
> Das ist eine Insel in der Ostsee.
> Das Wetter ist schön, aber es ist hier
> sehr windig. Gestern habe ich ____________
> ____________ am Strand steigen lassen.
> Er hat lustig ____________ getanzt.
> Stell dir vor, nächste Woche machen wir
> einen Ausflug mit dem Segelboot.
> ____________ , deine Lisa

Viele Grüße
im Wind
25. August
meinen Drachen
Liebe Oma
auf Rügen

Tipp Achte in deinem Brief auf diese Reihenfolge:
1. Datum (eventuell auch dein Wohnort)
2. Anrede bei Freunden/Verwandten: Liebe/Lieber;
   bei Erwachsenen: Sehr geehrte Frau / geehrter Herr
3. Text, 4. Gruß

2 Was gehört auf einen Briefumschlag? Kreuze an.

- [x] a) Absender
- [ ] b) Name des Empfängers
- [ ] c) Straße
- [ ] d) Hausnummer
- [ ] e) Telefonnummer
- [ ] f) Geburtstag
- [ ] g) Postleitzahl
- [ ] h) Stadt
- [ ] i) Briefmarke

3 Lisa schreibt auch Postkarten. Findest du jeweils eine passende Anrede und einen passenden Gruß?
Tipp: Es gibt mehrere Möglichkeiten.

a) 

______________________ Tante Anna

______________________ , deine Lisa

b) 

______________________ Herr Schwarz

______________________ , Ihre Lisa

a) Liebe ... / Hallo ... Liebe Grüße / Bis bald / Alles Liebe
b) Lieber ... / Sehr geehrter ... Mit herzlichen Grüßen / Bis bald

4 Konfetti findet am Strand eine Flaschenpost, aber der Brief darin ist nicht mehr vollständig. Schreibe ihn mithilfe der Stichwörter in dein Heft. Denke an eine passende Anrede und einen Gruß.

Tipp Klebe einen Knopf mit einem Muster auf einen Korken. Sobald der Kleber trocken ist, tropfst du mit einer Kerze ein wenig Wachs auf den Knopf. Jetzt kannst du ihn als Siegel auf deinen Brief drücken.
Achtung: Zündele niemals ohne einen Erwachsenen.

Über etwas berichten

1 a) Anna und Nina sind am Nachmittag im Freibad. Dort tritt Anna aus Versehen auf Ninas Brille. Zu Hause berichtet sie ihrer Mutter davon. Welche Angaben muss Anna machen?

b) Kannst du die folgenden Fragen beantworten?

1. Wer war beteiligt? ____________________
2. Wann geschah der Vorfall? ____________________
3. Wo geschah er? ____________________
4. Was geschah genau? ____________________
5. Was waren die Folgen? ____________________

[redacted]

Tipp In einem Bericht müssen die Fragen Wer? Wann? Wo? Was? genau beantwortet werden. Ein Bericht steht in der Vergangenheit. Gefühle, Gedanken und Kommentare solltest du vermeiden.

2 Schneide aus einer Zeitung einen interessanten Bericht. Unterstreiche darin die Antworten auf die Fragen *Wer? Wann? Wo? Was?*

3 Auch Nina berichtet zu Hause von dem Unfall. Was macht sie falsch? Lies ihren Bericht genau.

„Ich bin mit Anna heute Nachmittag im Freibad. Plötzlich tritt sie auf meine Brille. Die Brille geht leider kaputt.“

4 Verbessere Ninas Bericht und schreibe alle Verben in der Vergangenheit auf.

---

5 Annas Mutter schreibt einen Versicherungsbericht. Welche Einleitung findest du am besten? Lies die Texte und begründe deine Meinung.

A Im Freibad passte Anna nicht richtig auf und da passierte es: Die Brille ging kaputt.

B Am 05. 07. 08 um 16.30 Uhr beschädigte Anna Hilser im Freibad Nürnberg beim Ballspielen die Brille von Nina Klein.

C Anna geht oft ins Freibad in Nürnberg. Aus Versehen beschädigte sie letztes Mal die Brille von ihrer Freundin Nina. Es passierte am 05. 07. 08. Es tat ihr leid.

6 Hast du selbst schon einmal einen Unfall gesehen? Schreibe dazu einen Bericht in dein Heft. Denke an die Fragen *Wer? Wann? Wo? Was?*.

Redensarten und Sprichwörter

1 Martins Oma ist zu Besuch.
Lies, was die Oma zu Martin sagt.
Schreibe auf, was sie damit meint.

2 Es gibt noch mehr Redensarten, in denen das Wort *Herz* vorkommt. Verbinde die Sätze mit der passenden Abbildung. Male dann die Bilder an.

a) Martin erzählt seiner Oma, warum er so traurig ist.

1 Das Herz rutscht in die Hose.

b) Martin geht in den dunklen Keller. Plötzlich huscht eine Ratte an ihm vorbei. Stocksteif bleibt er stehen.

2 Ein Stein fällt vom Herzen.

c) Martins Hund ist verschwunden. Als er ihn endlich findet, ist er erleichtert.

3 Das Herz ausschütten.

3 Bestimmt ist auch dir schon einmal das Herz in die Hose gerutscht. Wie hast du dich dabei gefühlt? Schreibe passende Stichwörter in dein Heft.

4 Martin hat wohl einige Sprichwörter falsch verstanden. Kannst du ihm helfen? Schreibe die Sprichwörter richtig auf.

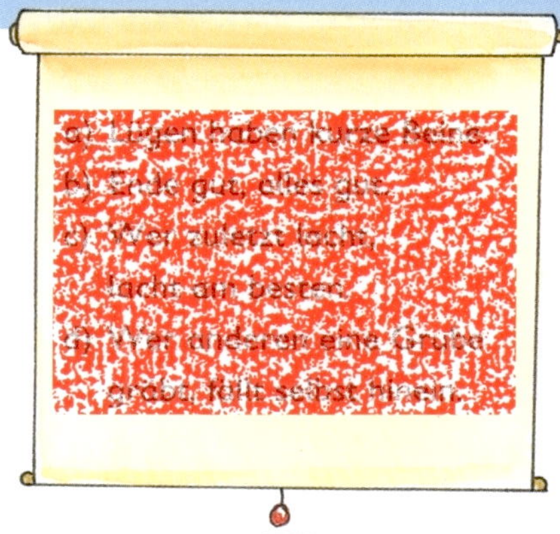

a) Mäuse haben kurze Beine.

____

b) Mäuse gut, alles gut.

____

c) Wer zuletzt maust, maust am besten.

____

d) Wer anderen eine Maus gräbt, fällt selbst hinein.

____

5 Fällt dir zu den Sprichwörtern in Aufgabe 4 eine Geschichte ein? Schreibe sie auf.

6 Kennst du diese Sprichwörter? Trage die fehlenden Wörter in die Kästchen ein. Die blauen Felder verraten dir das Lösungswort.

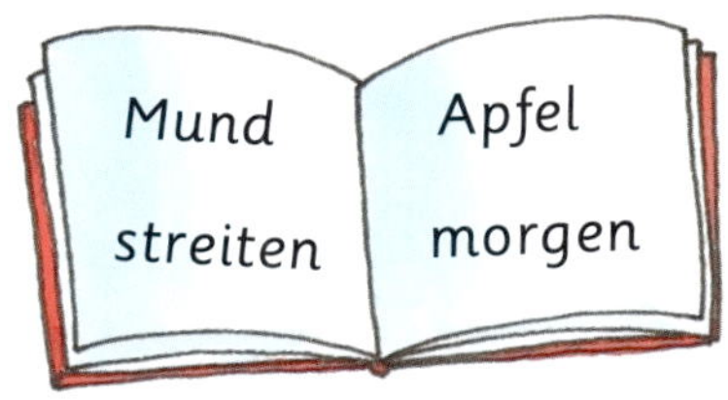

a) Wenn zwei sich ______________ , freut sich der Dritte.

b) Der ________ fällt nicht weit vom Stamm.

c) Was du heute kannst besorgen, das verschiebe nicht auf ______________ .

d) Morgenstund hat Gold im ______________ .

[redacted] [redacted]

Wiederholung

1 Sven hat einen Aufsatz geschrieben.
Lies dir den Text zunächst genau durch.

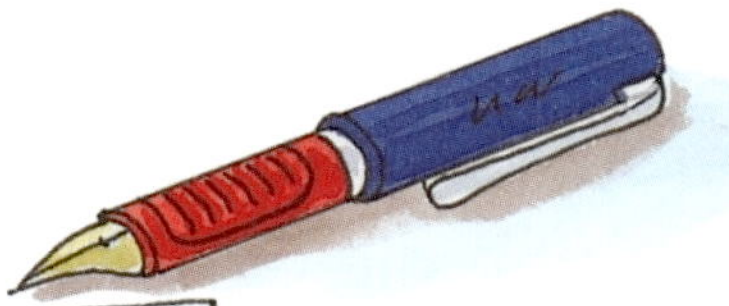

Einleitung

Ich hörte eine spannende Kassette. Mein Vater sagte mir, dass ich aus dem Keller eine Flasche Saft holen solle.

Hauptteil

Ich ging hinunter in den Keller. Ich öffnete die Tür zum Raum, in dem die Flaschen lagern.
Ich nahm eine Flasche aus der Kiste. Das Licht ging aus. Ich konnte nichts mehr sehen. Ich bekam Angst. Dann hörte ich ein Geräusch. Dann bekam ich noch mehr Angst. Dann tastete ich mich zur Treppe. Dann fiel ich über etwas und ließ die Flasche fallen. Dann stieß ich mir den Kopf an. Dann schrie ich.
Ich rappelte mich langsam wieder auf und fasste neuen Mut. „Warum hast du eigentlich Angst?“, sagte ich zu mir. „Es ist doch nur unser Keller.“
Ich ging vorsichtig tastend durch den Raum und suchte nach dem Lichtschalter. Ich konnte keinen Schalter entdecken. Ich fand endlich die Tür und dann ging ich in den Kellerflur. Plötzlich schaltete sich das Licht wieder ein. Als ich die Treppe erreichte, lief ich schnell hinauf und ging sofort ins Wohnzimmer zu meinen Eltern.

Schluss

War das eine Aufregung!

2 Sven hat bei seiner Geschichte eine Überschrift vergessen. Findest du eine passende?

____

3 Welche wichtigen Angaben fehlen in der Einleitung?

____

4 Was fällt dir an den Satzanfängen auf?

5 Suche andere Wörter für *dann* (Seiten 8/9).

6 Welches Verb benutzt Sven häufig? Finde andere Verben, die besser passen (Seiten 12/13).

7 Sven benutzt kaum Adjektive. Finde passende Adjektive und schreibe sie auf.

ein lautes Geräusch,

8 Die Personen in der Geschichte sprechen kaum. Wo könnte man wörtliche Rede einfügen? Schreibe die Sätze ins Heft.

9 Der Schluss ist zu kurz. Wie ging eigentlich das Licht wieder an? Worüber stolperte Sven? Suche nach einer passenden Lösung.

10 Überarbeite nun Svens Aufsatz im Heft.

Knack den Code

Auf jeder Doppelseite findest du eine kleine braune Lupe. Darin steht jeweils eine Zahl.

- Schreibe die Zahlen nacheinander auf die Linien.
- Ersetze sie dann durch die Buchstaben, die auf dem Zettel versteckt sind: zum Beispiel 7 durch den Buchstaben E.
- Trage jeweils den passenden Buchstaben unter der Zahl ein. Wie heißt der Lösungssatz?

CODE

17 =		11 =	
21 =		13 =	
15 =		9 =	
3 =		8 =	
5 =		14 =	
18 =		7 =	

				7			

,

	7				7			5		9	

!

Hast du den Lösungssatz ermittelt? Dann kannst du online spielend weiterlernen auf scoyo.de.
Notiere hier der Reihe nach die Buchstaben aus den grün markierten Feldern im Lösungssatz.

Besuche im Internet die Seite www.scoyo.de/ravensburger und gib dort die Buchstabenkombination aus dem Heft ein.
Über 4 000 Lerngeschichten und mehr als 10 000 Übungen und Tests warten auf dich.
Viel Spaß beim Lernen mit scoyo wünschen dir deine Lern-Detektive

* Keine Vertragsbindung, keine Verlängerung – Kinder können scoyo 14 Tage lang völlig unverbindlich und kostenfrei testen. Die Testphase endet automatisch und ist mit keinerlei Verpflichtungen verbunden. Eine Kündigung ist nicht erforderlich.